D1720114

Wolfgang Hermann

**Die Namen
die Schatten
die Tage**

Prosa

Verlag Mathias Gatza   Berlin

© 1991, Verlag Mathias Gatza
Stephanstraße 17, 1000 Berlin 21
Ausstattung Lisa Neuhalfen
Gesetzt aus der Monotype Modern 11 Punkt
von Mega-Satz-Service, Berlin
Gedruckt und gebunden von Wagner, Nördlingen
Printed in Germany. Alle Rechte vorbehalten
ISBN 3-928262-03-3

Alles, o meine Freunde, was aus diesem
Zustand der Schwere in den Zustand der Schwebe
übergeht, muß durch diesen Augenblick aus Feuer und
Licht.

Paul Valéry, *Eupalinos oder der Architekt*

Gestalten

Das Gewicht der leichten Tage

Ich vermag nicht durch das Gitter meiner Hände zu sehen. Blind verlasse ich den Schacht der unterirdischen Stadt. Meine Füße gehen ohne Irrtum: jede Straße ist ihnen recht.

In der Tageskrümmung leere ich mein Glas, an der Schattenkreuzung.

Von meinen Händen, wo die Helligkeit endet, führen Fäden ins Dunkel.

Der Unbekannte, der an ihnen zieht, er ist der Vater meines taumelnden Tanzes.

Unerlöst

Unerlöst dreht sich im Bauch des Menschen ein kleiner Stein. Dieser kleine Stein, der auch Sehnsuchtsstein heißt, verletzt nach langer Zeit das Innere des Menschen. Es gibt Begegnungen mit anderen, die die Drehung des Steins beschleunigen, ohne ihm Schutz zu geben. Solche Begegnungen füllen den Bauch des Menschen mit polternden Murmeln.

Der Sehnsuchtsstein wird unsichtbar, wenn der Mensch die ersehnte Hand an seiner Wange fühlt.

Langsameres Licht

Auf dem Rücken einer Schildkröte werde ich zu dir kommen. Ich weiß, der Weg ist lang. Doch wenn wir jetzt losgehen, muß zweimal Nacht werden, und ich bin bei dir. Mit Zwergenhänden werde ich an deiner Tür läuten, du mußt genau hinsehen: *ich bin es.*

Jeder Stein, über den die Schildkröte steigen wird, wird funkeln wie ein nie gesehner Stein. Und der Himmel wird sich wölben in einem langsameren Licht.

Einer Amsel auf der Wacht

Die steigenden Augen hinter der Hecke: Menschengeblüt. Unter dem welken Laub die schwarze Erde, die den Regenwurm – langsamer Vielzeiler – birgt. Picken-Springen, Picken-Springen, Picken-Springen: dem Wechselwurf, der mich vom Erdgebot zum Luftgebot führt, folgt das Schlagen der Schwanzfeder. Jeder Ort ist ein Ort der Fährte, gut genug für den grausamsten aller Tiger, die Hauskatze. Wenn die Nacht aus den Kuhlen steigt, ist mein Körper das Lied.

Die Dauer der Nacht

Die Tage sind ein Seidenpapier, das bei der kleinen Berührung zu schwingen beginnt. Die Berührung kehrt abends wieder und bestimmt die Dauer der Nacht.

Auf die zu heftige Berührung folgt der schwere Traum mit dem Besuch der lauten Männer, dem Schrei des Ofens, dem Wandern des Sessels.

Leiseste Arbeit

Die zärtlichsten Augen der Vorstadt gehören dem
Schneider. Der Grieche, vertrieben von zu Hause,
hat in den Stoffen die Welt gelernt. Zu alt, in die
Heimat zurückzukehren, ist ihm kein Schicksal
fremd. Er liest mit Nadel und Faden in den Spu-
ren- und -Wegen-Stoffen. Er hebt den Blick von
der Naht, er betrachtet die Schuhe der Passanten.
Er arbeitet bis lange in die Dunkelheit. Seine Arbeit, die ihn so einsam macht bei den Stoffen, ist
ein Innesein-Bild: mit gesenkten Augen hält er sein
Ohr nahe an das Chiffrenalphabet.

Das Urgefundene

Der Bewohner der Straße bürstet die Dinge gegen den Strich. Rechtmäßig verfügt er über sie nach seinem Gutdünken. Das Parkgras: die Schuhbürste. Der kniehohe Zaun: Scheuerstelle, um die neuen Handschuhe voneinander zu lösen. Ein geparkter Wagen: Schattenspender, Rückenlehne. Fundsachen: Wegbeschwerer, Farbensucher, Höhlenmalerei.

In den Taschen meines Mantels: ein Nagel, eine Murmel. Die Murmel murmelt vom Tag, von der weißen Wolke über dem Waldstück, von der Liebe. Über den weißen Gärten ist alles still. Die sinkende Spätwintersonne legt rote Streifen in die Allee. Die Stämme der Birken leuchten. Und in einer Mansarde legt ein Mann den Arm um eine Frau: »helles Miteinander«.

Entgehen

Die eine entgeht ihm, indem sie ihren Körper verringert und ihm Gaben auf den Tisch legt. Der Verlauf dieser Geschichte ist schmerzlos.

Die andere entgeht ihm, indem sie sich ihm gibt, doch nachher ein jedesmal wieder nimmt. Geschickt verbirgt sie ihren Ekel vor dem Körperlichen, in dem sie Meisterin ist.

Mit ihr ist alles dicht, und das Dichte ist rein. Es gibt viel Leid.

Zierfische

Alle Augen auf uns, weil niemandem etwas anderes einfällt. Wir ziehen unsere Goldkörperkurven, schon gelten die Blicke über den Kelchgläsern jemand anderm.

Schlangenkörper, Jagden, Plastikblumen: dieses ganze Theater soll müde Augen erfrischen. Manche Abende gehen zäh, die Kelchgläser sind langsam wie wir.

Der U-Bahn-Onkel

Seine Hände zittern. Von der Arbeit in den Schächten gekrümmter Rücken, hohle Wangen.
Er liest in der geöffneten Hand. Deutung im Ungewissen, schattenhafte Gewißheit.
Die Wärme der Hand gibt seinen Augen den Lichtkreis.

Das ist das Verdienst der Toten: daß sie die Ränder der Schatten gegen das Licht klären. Sie nehmen nicht teil am Lichtspiel in den Gärten, du mußt ihnen das Hundegebell übersetzen; doch wild und verdienstvoll sind ihre Hände, mit denen sie einmal den Tag gehalten haben.

Ist nicht mit jedem von ihnen die Welt gegangen?

Über einem Augenaufschlag ist sie aus den Gräbern zurückgekehrt, mit ihrem Aufwand an Farben, Licht- und Feuerzelten und ihrer Gleichgültigkeit gegen die Hände, denen sie gehört und nicht gehört.

Nicht dieser

Wir glauben, wir tragen unser Leiden allein. Wir irren uns: wir haben es *zuvor* delegiert. In einem anderen Leben, als wir noch Söhne und Töchter in Knechtschaft waren, haben wir uns für die Freiheit entschieden. Jemand mußte die Krankheit, den Tod, das Leiden tragen. Wir haben unser Unglück weitergegeben. An einem anderen Ort stürzt das Leben eines Gleichen ein, erstaunt betrachten wir die geöffnete Tür unseres Hauses. Wir sind frei, nicht *dieser* zu sein.

Drei Welten

Der Morgen schenkt den Zungen das Salz der Erwartung. Er löst den Schlaf und seine Gesichte von den Mündern, gibt Honig den Wangen. Der Mittag läßt die erste Süße verblühen, auf dem Feldweg stockt der Schritt, ernstes Wort. Zungenlöser Abend: in die langen Schatten legt sich ein Schritt, ein Schiff mit vielen Worten und dem Namen Sehnsucht lichtet den Anker. Buben stehen bei der alten Linde, sie drehen Schnüre in den Händen. Vom Teich ruft ein Kind, es hat den Abend dunkeln sehen.

Der Bienenstock-Kopf des Zerstreuten

Ich beginne den Tag mit zwei Beinen. Ich beende ihn als müdes Geschirr. Ein bärtiger Mann hält seine junge Frau im Arm, seine Stimme verschwindet, schmatzend drücken die beiden ihre Lippen aufeinander.

Der Tag ist gestempelt. Es wird enden beim Geschirr.

Lächeln einer weißhaarigen Frau: Schäfchenwolken.

Ich werde sterben, die Kastanie verstehen.

In meiner Brust verunglückt die Blechdose in ihrem Flug. Kalkweiß der Nacht.

Auf den Wegen sammeln sich die verworfenen Blüten zur Wiedereroberung der Bäume.

Gebärde des Weges: die Kurve.

Wie soll ich, wenn ich das Sichtbare nicht verstehe, jemals zum Alphabet und seinem Grund, der Hasenscharte kommen?

Sinkender Tag: wieder lese ich im Federnalphabet der Amsel.

Ready for boarding

Irgendein Ernst steht in den Gesichtern. Hat jemand diesen Menschen eine Aufgabe gestellt, die sie nicht zu lösen vermögen? »Wir sollen die Erde verlassen, ausgerechnet wir?« sagen die Gesichter. Eine namenlose Streifbewegung macht uns zu einem Wir: denen die Aufgabe gestellt ist, der Zeit und dem Raum durch *andere* Abwesenheit zu entgehen. Wir bezahlen dafür lächerlich wenig: die Übertreibung in unserem Gesicht wird uns als Weltläufigkeit angerechnet.

Die Hand

Früher war der Körper eine Festung, die Grenze der Anschauung. Weil ich ihn nicht wahrnahm, umfaßte er die ganze Welt.

Dann fielen die Raubvögel der Schmerzen ein. Die Angst wurde meine Wirklichkeit, verschwistert mit der Kälte des Tages.

Die Welt: eine zitternde Hand, die den Puls fühlt.

Verhängnis

Für die Städte in den Ebenen ist das Sonnenlicht
die Gefahr. In Trägheit dehnen sich die Tage.
In den Bergen stockt das Blut, und langsamer als
das Ticken einer großen Uhr sind die Gedanken.
Über der Betrachtung von Wolken vergehn die
Tage.

Offene Stadt

Wir haben uns an den Schwächen erkannt, die uns bewachten, zärtlich und nah wie Hände im Gewitterregen. Die Liebe, die wir uns auf der Schwelle der Tür gaben, es war die Liebe, die man einem Tier in Gefahr gibt.

Haus in dem sich die Liebe verbirgt

Die Liebe wohnt in einem Garten, sie trägt ein kurzes Kleid, sie ernährt sich von Trauben, Nüssen und Schalenfrüchten. Die Liebe liegt im Schatten eines Baumes. Sie dreht sich um, sie berührt ein Schilfgewächs. Sie erhebt sich und geht auf die Straße. Die Liebe trägt einen Pelz. Sie sitzt in der Ecke der Pizzeria hinter der Tankstelle. Die Liebe hält ein Glas, sie ist in Erwartung. Abends wirft sie ein Tuch über die Schulter, sie streicht sich das Haar, sie vertauscht ein Haus gegen ein anderes. Die Liebe geht vermummt. Die Liebe spricht. Die Liebe verbirgt sich in einer kleinen Truhe. Wer die Truhe öffnet, wird von der Liebe begleitet, solang es ihr gefällt.

Große Stadt

Öffne ich die Tür, sprechen Fremde mich an. Es sind Freunde von Leuten, die ich seit ein paar Tagen kenne. Auf der Straße das Meer der Augen. Gleichgültigkeit ist der Wind, der uns alle vorantreibt. Irgendwo klirren Gläser. Ein Mädchen ruft. Ich werde geschoben und gestoßen. Man muß wendig sein. Manchmal muß man unsichtbar sein. Ich gehe den ganzen Tag auf harten Schuhen. Ich bin Erwartung. Manche Straßen sehen mich an, sie sagen etwas, ich kann es nicht verstehen. Der Himmel: Eine schmale Lebenslinie, sinkend. All der Hunger nach dem einen Augenpaar, das mir sagt »Komm! Folge mir!«. Erschöpft betrete ich das dunkelste Bistro. Ich bin ohne Gefährtin: ich habe die Namen der Dinge vergessen, die ich bei mir trage.

Pfade

Wie schnell wird aus einer Wohnung ein Magazin.
Anfangs nimmt man sich täglich vor, die alte
Kiste, den alten Schreibtisch wegzuschaffen. Bald
bilden sie ihre eigene Landschaft, formen die Be-
wegungen ihres Bewohners. Von Zeit zu Zeit erinnert man sich, daß man sie hatte abtransportieren
wollen. Man gibt der alten Kiste einen Tritt, und
ein Fußpfad ist frei.

Schließlich bedeckt Staub dieses flüchtige einsied-
lerische Leben, das auch im Umzug keinen Scha-
den nimmt.

Das Herz ist ein rotgelber Kreisel. Zu oft enttäuscht vom Leben, hält es sich in der Zögerlichkeit auf. Dort verteidigt es sein zweites, sein drittes Leben. Es achtet nicht auf die, die alles auf einmal versprechen.

Das Herz ist ein bunter Fächer, es spricht abends, vor seltenen Gästen.

Der Dichter

Auf seinem Weg in die Stadt hält er inne. In der Gemäldegalerie spricht er mit gesenkten Augen. Er hat kein Haus. Die Frau mit den funkelnden Augen bemerkt, daß sein Haus der Bienenstock ist.

So summen die Bienen um ihn, daß sein Leib der Bienenbahnhof ist. Er summt kleine helle Verse.

Bildnisse

Stille über dem Hof

In der Schubkarre balgen sich zwei Kätzchen, eines tigerfarben, eines schwarz. Eine Heugabel lehnt an der offenen Stalltür, die Stellen matt, an denen die Hände zupacken. Die ausgefransten Schwänze der Kühe, an einem querlaufenden Draht befestigt, wedeln noch immer nach den Fliegen. In der Nachmittagssonne knackt das Holz der Stalltür. Auf dem Sims des Küchenfensters döst die Katzenmutter. Ihr Ohr zittert, als sich eine Fliege daran zu schaffen macht. Das Wasser im Brunnen ist schleimig von Kuhmäulern. Vom Heustadel zur Linde hinüber hängt die Wäsche, manches davon kariert, die Kinderjacken und -pullover fehlen nicht. Die schwangere Bäuerin geht mit einem Eimer an den Brunnen. Auf der Schwelle zum Stall schwappt das Wasser über. Die Bäuerin zieht die Stiefel nach. In der Küche rührt die Magd in einem großen Topf. Einmal ist, zugleich mit einem »Jessuss Maria«, das Zerspringen eines Tontopfs zu hören. Vom Misthaufen, wo der Bauer mit Gummistiefeln watet, daß es dampft, von Zeit zu Zeit das Aufklatschen einer Fuhre Mist in der Schubkarre, dann das Mantschen der Räder. Bei der dösenden Katzenmutter steht ein Bub. Er leckt an einem gebrochenen Stück Viehsalz. Die Augen der Katze, deren Schnurren mehr und mehr anhebt, öffnen und schließen sich vor Behagen. Eine Handvoll Spatzen holt sich den Rest vom Hühnerfutter vor der Stalltür. Unter ihrem Flügelschlag wirbelt der Staub. Der Igel geht unter die Hölzer bei der Linde. Großes Brunnengeplätscher: es teilt sich, in anhaltendem Verlangen, den Tag und die Nacht.

Vor dem Gewitter

Über den Häusern bündeln sich straffgespannte Schnüre. Jedes Ding auf der Anhöhe zittert, und in den Schnüren wirkt sein Zittern fort. Fenster offen luftig: kein Ding paßt mehr in eine Hand, und die Ränder der Dinge fließen über. Ruheloses Schattenspiel vor der Zimmerlampe: in den Menschen geht ein zweiter Mensch, der unaufhörlich die Richtung ändert. Die Häuser stehen in *einer* Luft: kein Atemzug soll das Dorf verlassen.

Große Hände rollen die Wälder vor sich her: dem Donner sein Wort. In den Wipfeln der Tannen verfangen sich Schnüre, ein Spinnrad dreht sich und der Atem geht.

Die Nacht entfacht ein Feuer, für Augenblicke gleißt sie. Die Glühwürmchen löschen ihre Kerzen.

Dann, leise, setzt sich ein Tropfen ins Gras. Ein Blatt antwortet mit einem Klatschen, viele Blätter fallen ihm ins Wort. Dann rührt der Regen auf den Dächern seine Trommel, bald begleitet von der Röhren- und Abflußmusik.

Eloge auf die Schöne vom Bahnhof von Valence

Einen Augenblick, ehe wir einander in die Arme stürzen, öffnest du sanft deine Lippen, und auf deinem Mund erscheint dieses Lächeln. Du schlägst die Augen nicht nieder.

Du nimmst deinen Koffer, du siehst mich noch einmal an, mit einem Funkeln, das die Freude spiegelt, die wir einander hätten sein können. Du drehst dich um, wirfst deine Haare zurück, dann schenkst du deine schmale Gestalt Stufe für Stufe dieser Treppe, die dich verschluckt.

Überall dein niemals wiedergesehenes Bild.

Eine Birke

Ein Tautropfen hat sich gelöst, er funkelt auf meinem Handschuh in der Vormittagssonne.
Der weiße Stamm schält sich, lautlos, mit der Drehung der Erde.
Ich sitze an die Birke gelehnt, im Umkreis der Stille. Ein leichtes Kreisen in ihrer Krone, aneinander schabende Äste. Auf dem Teich das Zittern von Wasserläufern. Knistern vom Flug einer Schwalbe.
Ich schließe die Augen. Ich bin in einem hellen Land, trinke an der unsichtbaren Wasserstelle. Im Licht dieses Landes verlöschen die Namen. Die Trauer darüber ruft mich zurück.

Zikaden

Woher gewinnen sie nur die Rauhfläche ihrer Tage
und drehen sich über ihr? Sie buchstabieren das
Sonnenalphabet, vorwärts und zurück, und um-
wirken mit ihrem Gespinst noch den entferntesten
Tag. Dichtestes Gewebe, das die Einsamkeit beherbergt: langsam sinkt es unter den Horizont,
während die Befreiung wächst.

Die Vögel

Das Haschen dort unten am Ufer des kleinen Sees: Feindes-Fährte. Zwischen den Bäumen die Fenster von Menschenbehausungen. Aber dort ist Landeplatz im Astwerk der Esche. Ein frischgeputzter Schwarzflügler – die Amsel – übt die noch winterrauhe Kehle. Meide die Trauerweide: mit ihren langen Strähnen nimmt sie deine Federn.
Genug Raum über dem stillen See: keine Schwarzluft, nur grundelnde Enten, dann und wann ein verspäteter Starkschnabel – der Rabe.
Früher Schlaf auf verborgenen Zweigen – wir sind die sturmerprobten Schwestern des Regens.

Gleichung

Von dem Haus der Frau, die er liebt und die bei
einem anderen wohnt, fertigt er ein Modell an,
wünscht den Puppen abends Gute Nacht. Spazier-
fahrten führen wie von selbst vor das Haus des andern. Eines Tages wirft er das Modell weg, er redet
sich die Frau aus.
Jetzt ist der Raum frei, und die Frau muß ein-
fachen Gesetzen gehorchen.
An einem Abend ohne Sonne steht sie vor ihm,
trägt die Kleider, die man trägt, wenn man bleibt.
Sie spricht ein neues Wort, ihre Arme sind nah und
sanft, ein Gesetz ist erfüllt, der Wunsch muß gehen, als das Ende der Gleichung wiederkehren.

In der Stadt der Zukunft gibt es Tische für Nervöse. Für die Gläser gibt es Verankerungen, ebenso für Teller und Besteck. Es gibt automatische Servietten. Um die Nervösen vor ihrer Fahrigkeit zu schützen, gibt es Gurte an den Sesseln. Beim Betreten des Restaurants zeigen die Nervösen ihren Ausweis, man führt sie in die für sie reservierte Nische.

Die Städte wachsen. Und der Mensch, der sich in ihnen vergißt, zuckt, wenn er sich seiner erinnert.

Kurfürstendamm

Versammlung aller Orte, nicht entsprechend, Ort
derer, die, indem sie sich zeigen, nicht bemerken,
daß sie sich selbst unähnlich werden. Tag für Tag
nimmt dasselbe Bild seinen Lauf.
Morgengrauen für Morgengrauen: ein umgestürz-
ter Hut gibt schale Dinge frei. Der kommende Tag
ersetzt sie durch neue.

Die Gefahren der Nacht

Die Worte der beiden Männer wechseln einander ab, wiederholen sich, kehren in anderen Gruppierungen wieder. Sie heben ihre Gläser und trinken. Ihre Stimmen rollen auf getrennten Schienen. In ihren Augen Lichtflecke der Gehenden. Licht auf den Wangen der Männer aus dem Innern der Bar. Mädchen gehen am Brunnen, sitzen vor der Bar. Die Augen der beiden Männer sind schmal wie Schatten. Um ihren Tisch ein Kreis, geflochten aus Gesten, den die Augen der Mädchen berühren.
Die beiden Männer trinken viel. In der Mitte der Nacht erheben sie sich, müde von all den Augen und der Kraft, die man ihnen gibt, ohne an Rückkehr zu denken.

Kinderszenen

1

Die schöne junge Frau, die betrunken, mit über-
einandergeschlagenen Beinen, im Fond des Taxis
saß, sie war auf der Suche nach ihm, der sie in
irgendeiner Bar erwartete. In dieser stockdunklen
Provinzstadt, in der sie fremd war, von Tanzschuppen zu Tanzschuppen, Türen geöffnet, Türen. Sie hatte »Schneller!« gesagt, jetzt flog sie auf
dem Rücksitz hin und her. Sie war wieder ein
Kind, schmal und haltlos, allein in der Nacht, in
der sie suchte. Ungeküßt ihre Wangen, und die
Arme, die sich am Vordersitz festklammerten, dürr
und unruhig. Ein Kind mitten in der Nacht, im
Wagen, der Suche war.

2

Im Restaurant saßen ein Mann und ein Mädchen,
er vor einem Glas Wein, das Mädchen vor einer
großen Limonade, wo es mit den Armen weit aus-
holte beim Erzählen seiner Abenteuer. Der Mann
nippte an seinem Glas und lächelte in das Gesicht
des Kindes. Das Mädchen war sehr lebhaft, und
von den umliegenden Tischen richteten sich die
Augen auf das seltsame Paar.

3

Von einem abendlichen Lagerfeuer in den Schatten
der Bäume treten, wo man die kalte Hand der
Nacht fühlt. Wurzeln, Steine, Unheil im Gras. Von
dort kehren sie zurück zu den Stimmen im warmen
Lichtkreis, und die Worte sind wie ein Pelz.

4

Der Mann und die beiden Mädchen standen am
trüben grünen Kanal. Eines der Mädchen war un-
geschickt auf dem Rad, und sie hatten harte Worte
zueinander gesprochen. Der Erwachsene führte die
Mädchen an eine Bambusstaude, und ihre Augen
weiteten sich.
Am Wasser schickten sie kleine Hölzer auf Reisen
und waren ganz aufmerksam. Die Stirn des Mannes glättete sich, und auch der Zorn zwischen den
Kindern war vergessen. Langsam trieben die Hölzer im trüben Kanal. Die Kinder öffneten und
schlossen die Augen, im unsichtbaren Rhythmus,
der in den Bambushölzern bebte.

Zoo

Tag für Tag die uns umkreisenden Farben. Die
kleinen schnellen Münder, die Zeigehände: wir sind
ein unaufhörliches Abenteuer. Vorn der Glaska-
sten, dort hinten im Käfig wartet das gefrorene
Totwild. Die Zähne beißen es nicht gern: sie erin-
nern die größere Lust der Jagd.
Wir sind, wie das Totholz vom Eukalyptus, nur
noch Auslegeware. Und kein Betrachter weiß vom
Unterholzschrei des Löwen: schnell lösten sich ihm
die Knie.
Die Nacht senkt die Stille zwischen uns. Das Kojo-
tengeheul behütet unseren Schlaf. Der Morgen, ge-
teilt zwischen den Vögeln und den Kakadus,
bringt auch das Dämmern des fremden Tiers, der
steigenden Stadt.

Traumliebe

Wir verabreden uns zu einer Stunde, in der wir unsere Träume verbinden. Ich habe diese Nacht zu tun: ich folge spät in den Schlaf. Ich werfe die Schlaufe meines Schlafs aus, und sie verbindet sich mit der Schlaufe des deinen. Personen und Dinge wechseln von deinem Traum in den meinen über. Ich durchtrenne für dich einen Knoten, und du knüpfst für mich ein Band.

Regen

Die Straße ist ein spiegelnder Fluß. Langsam zischen die Wagenschiffe vorbei. Unter den Vordächern klarende Augen. Gelbes, blaues Licht des Blitzes in der Häuserschlucht. Der warme Asphaltgeruch, und irgendwo, zwischen zwei Schritten, der Geruch der braunen Erde weit draußen vor der Stadt. Ein Mädchen, völlig durchnäßt, rennt die Straße entlang, gefolgt von ihrem Hund. Das Restaurant ist eine Höhle. Es riecht nach nassen Kleidern und Haaren, die Fenster sind beschlagen. Man rückt zusammen, man ist unruhig, ringsum spricht, endlich, die Stadt. Durch die Tür kann das Unerwartete kommen, von draußen, wo alles sich auflöst. Bewegung, Öffnung in der sonst starren Stadt: der Stumme atmet tief ein, endlich fühlt er sie, die Stadt. Die sich mit ihm freuen wollen, die Kinder, die staunenden, sie müssen still bei Tisch sitzen, dürfen nicht fort. Aber sie haben die Seitenblicke. Und irgendwo, unter einem Tisch, ein neugieriger Hund.

Gespräch

Als wir – erinnerst du dich? – im Park das unglei-
che Paar sahen, der ältere Mann saß vornüberge-
beugt da, neben ihm das Mädchen im Schneider-
sitz, mit gesenkten Augen. Die beiden schienen in
ein stummes Gespräch vertieft, rätselhaft für uns
andere. Geruch von Seewasser und faulem Gras,
der uns an die Seen unserer Kindheit zurück-
brachte, dich an deinen See, weit fort von meinem.

Tartufo

Im Lauf der Jahre an die kurze Dauer der Köstlichkeiten gewöhnt, fällt es schwer seine Vergänglichkeit zu ertragen. Er ist von bescheidener Gestalt. Er verbirgt seinen Schatz unter einer samtenen Schicht von Kakao. Schokoladeneis umschließt sein Vanilleherz. Sicher wie ein Iglu in seiner Landschaft sitzt er auf dem weißen Teller mit dem Bildnis und dem Namen des Diktators *Ierone I°*. Eingefaßt von einer Halskrause – Gelateria Siciliana – thront der Diktator auf dem Teller. Erst hier, vereinzelt auf dem Tisch der Freunde, gewinnt er seine verführerische Gestalt (lange hält er, Gleicher unter Gleichen, in der Gefriertruhe aus). Zum Tartufo gehört auch das Geschehen auf der Straße, der unendliche tropische Regen, der seit Tagen auf die Hafenstadt niedergeht, die morgendlichen Gewitter ebenso wie die Herzlichkeit unseres Wirts, der nach dem nördlichen Leben fragt. Dies alles, die Augen der Freunde, die Augen der Freundin, die für die Schwester gehalten wird, die Wasserflut in der unteren Stadt, wo die Kanäle fehlen, und die fluchenden Busfahrer, die im Traum wiederkehrenden Fische vom Vortag, und die unendlich erfüllte Zeit des Wartens, zusammengeflossen zur sanften Hügelgestalt des Tartufo, den wir erinnerungslos verzehren, während die Schrift endet.

Die Taube im Unterholz

Hier ist alles dicht. Kein Stein, der meinen Fuß führte. Die welken Blattgondeln unter meinen Füßen, erreiche ich das dichteste Gebüsch. Die Telegraphenmast-Birke, die Siebengebirgs-Esche: ich passiere sie.

Eine taube silberne Feder will an einem Zweig bleiben: ich zwinge sie nicht unter meinen Besitz.

Ein rauher Wind reißt die Wolke vom Himmel, und bei den pfeilschnellen Bruderschnäbeln, den Spatzen, funkelt schon der Tau in der Lichtberührung.

Ich kenne kein Innesein-Bild: ehe mich die Blätter halten, lasse ich die taube Erde unter mir kreisen.

Das immergleiche Rad

Wieder ein Tag in den Feldern. Wind in der großen
Eiche, und durch das hohe Gras auf dem Hügel gehen Wellen von Sturm.
Im Baumschatten scharrt der Hund. Hört er ein
Rascheln, oder Stimmen, so stehen seine Läufe
still. Mit dem spitzen Ohr sagt er mir, daß jemand
sich nähert.
Ganze Tage in den Feldern, nahe den Bergen – und
wieder kommen Tage, die sich dehnen.
Der hechelnde Hund und ich, wir sind nur Freude
in diesem großen immergleichen Rad.

Die Lupine

Die Lupine ist die Wächterin des Feldwegs. Leise schwankt sie im Wind, und unter ihr, im Gras, bei den Farnen, bei den Himbeeren und denen, die wir Honigblumen nannten, quillt es vor Leben. Auf ihren Blütenkelchen tummeln sich Fliegen, Bienen, Hummeln. Die Lupine hat einen weiten Weg hinter sich, ihr festes Rückgrat beweist es, sie überragt alle übrigen Pflanzen am Wegrand. An ihrer Spitze warten mikroskopische Blüten auf ihre Stunde. An allen Blumen geht der Klang der Dorfglocke vorbei, in der Lupine fängt er sich. Ihr Schwanken-im-Wind verebbt, nun läutet sie, majestätisch, nicht die Spur überheblich, den Abend ein.

Geschlossene Stadt

Diese Stadt ist ein Würfelspiel. Nachts fallen die Straßen wie aus lange geschüttelten Bechern. Wie die Straßenzüge zueinander fallen, so suchen die Erwachenden in ihnen ihren Weg. Die Gesetze des anbrechenden Tages liegen im Linienwurf der Straßen. Die Begegnung ist in ihnen verzeichnet.

An diesem traurigen Tag

Vor dem Vorstadt-Kaufhaus sitzen Comics lesend
die Kinder auf einer Decke, sie verkaufen ihre
Spielsachen. Auf der Straße liegt ein staubiges
österliches Licht, die Gesichter sind gebleicht von
Winterentbehrungen. Wenn sie aufsehen, blinzeln
die Augen der Kinder im Gegenlicht. In einem der
kleinen Körbe finde ich ein blaues Seepferd. Einen
einäugigen Stoffesel, Veteran der Liebe. Ein Kro-
kodil mit weit geöffnetem roten Maul. Die Augen
der Kinder blinzeln.

Sie sitzen im Garten des Cafés. Ihre Blicke errichten ein Haus aus Fäden.

Er sieht ihr in die Augen, plötzlich fühlt er sich sehr einsam.

Beim Verlassen des Cafés sieht er ein leuchtendes Rad, geflochten aus Bildern. Es sind die Bilder seines Lebens, gesehen mit den Augen der anderen.

Ihn schaudert vor der Leere, die ihn nichts von alldem hat wahrnehmen lassen.

Er nimmt das Mädchen in den Arm und küßt sie lange auf den Mund. Dann geht er mit ihr die Straße entlang, mit nichts als Erinnerung unter den Füßen.

Vom wilden Garten steigt Duft auf.
Alle Blumenkelche feierlich geöffnet.
Der junge Mann mit dem Liebeskummer-Gesicht
führt sein Rad spazieren. Die Sehnsucht hat ihm
die Taschen ausgebeult.

Die Liebenden

Dem Mann gehört nicht die Ordnung seiner Kleider: die Hand der Frau legt einen kleinen Stein in sie. Ihm ist, als hätte er keine Beine, so umschreibt ihn der Kreis der Frau. Wie Murmelspieler schieben sie einander ihre Gesten zu.

Die Liebenden leben in der Reinheit: sie löschen ihre Unrast im Morgengrauen. Von ihren Händen fließt Licht.

Unter einer Decke

Bewegst du deine Beine, drehst du dich um, so tönen auf meiner Seite leise die Fäden. Durch das Seidenpapier, das sich über uns schließt, sehe ich das Schattenspiel des dämmernden Tages. Die Wärme deiner Hand an meinem Ohr läßt mich noch einmal der Webbewegung des kommenden Schlafs gehören.

Die Mädchenwange

Ich halte ein Leben im Arm, so fern wie Vogelflug.
Ich bemerke die Ordnung nicht, unter der alles
steht.

Ich ernähre mich nicht vom Weiß der Mädchen-
wange – ich lerne ihre Züge, um auf der anderen
Seite des Todes eine Sprache zu haben.

Meine Hand

Ich trage eine Murmel bei mir. Neben mir sitzt ein kleiner Handlöwe. In meinem Koffer ein Notizbuch, ein Erinnerungs-Handtuch. Alle diese Dinge beschweren mich nicht: gerne will ich ihr Gefäß sein.

Es ist etwas Zersetzendes in den Dingen, das sie unter meinen Händen zerstäuben läßt. Ich versuche zu begreifen. So schnell geht mein Leben dahin, ich laufe den welken Blättern im Wind hinterher.

September

Ich lese mein altes Adreßbuch. Ein Fremder erzählt mir von einem schönen Land weit oben im Norden. Ich sehe die alten Freunde in den lange nicht mehr besuchten Städten vor mir, einen nach dem andern. Ich habe Verlangen mit ihnen zu sein. Ich möchte überall zugleich sein. Das Fernamt kennt niemanden dieses Namens. Und ich habe ihr Heimatdorf vergessen. Jeden Nachmittag auf der Hauswand gegenüber die Spiegelung der sinkenden Sonne. Schließe ich die Augen, sehe ich den kleinen Strand vor mir, den ich bei Winterende verließ. Das Lichtspiel im Eukalyptusbaum schließt tief in mir zweite Augen. Ringsum donnert die große Stadt. Die Gesichter auf dem Boulevard sind noch wie im Sommer. Nur in mir zittert, von Kindheit an, die September-Trauer.

Tage unwirklicher Schönheit kamen ins Land. Die Jahreszeiten sprachen ihren Psalm, und der Abendwind kühlte dem einsamen Spaziergänger die Schläfen. Das Licht des Abends sprach mich frei.

Ich verschloß das Haus, ich ging der Augengrenze entgegen.

Ferne Stimmen

Das Neugeborene

für Marie, Katharina und Peter

Die Welt ist spitz. Ein Fingerzeig weit vom Augenrund. Wie soll ich es nur sagen? Es ist alles ein Grashalm, und der Grashalm ist ein Auge, eine Hand, eine Höhlung. Meine neuerschaffenen Hände schließen den Kreis: um mich die Schatten einer Frau, meine Mutter, eines Mannes, mein Vater.

Ich lebe zwischen Tüchern. Sie zittern leise von den Erschütterungen des Tages. Ich gehe *entgegen*. Möge doch der Wind in der Pappel ein Wort sprechen, nah genug, den Kreis eines größeren Tages zu bilden.

Sterbende Augen

Der kleine Vogel auf der Laterne piepst ohne Un-
terlaß. Ich höre seinen zitternden gelben Bauch.
Webende Tannen im Sturm: welche Zeichnung,
deren Ende ich nicht sehen soll, webt ihr? Durch
die schwankenden Gräser gehen Windwellen. Ihre
Schaumkronen: die flach auf den Boden gepreßten
Schilfkolben. Als die Tannen nur noch leise wis-
pern, überstimmt die wiederangeworfene Mähma-
schine des Bauern das millionenfache Tropfen vom
regennassen Wiesengras. Aus dem Wald über dem
Felskamm verschwindet die letzte Nebelschwade.
Jetzt gibt ein Buchfink Signal. Die Stute und ihr
Fohlen beugen sich über das Böschungsgras am
Bach. Ihre Schweife endlich ruhig: keine Fliegen
nach dem Regen.
Hinter diesen Bergen soll eine neue Welt beginnen.
Ich unterscheide sie nicht: mein Auge liest die
Fächerschrift des Immergleichen. Wohin ich gehe,
dorthin kann ich mir nicht folgen.

Du gehörst diesem Abend

Unser Gespräch hat keinen Ort, nirgends können wir es vertäuen, du sprichst halb abgewendet, sprunghaft, an Stellen zustimmend, die du sonst zur Frage genutzt hast. Ich verstehe den Anteil an dir, der an diesem Abend beim Gang durch die Sommerstadt den anderen gehören muß, und doch läßt mich etwas wie Verzweiflung fragen: muß er denn so groß sein? Sprich nicht zu mir, wenn du dabei nicht, nein nicht an mich, so wenigstens an die Sache denken kannst. Meine Versuche, mich verkleinert in den Hohlraum deiner Stimme zu schmiegen schlagen fehl, zu groß ist der Sog der anderen, der Hunger dieses Abends. Unsere Sätze kommen von ganz unten, sehen sich um, tauchen zurück. Mit jedem von ihnen beginnen wir von vorn. Schließlich endet unsere Kraft, selbstlos treiben wir in der Schlangenspur dieser unfreien Rede, in der uns jedes Ding anstößt, dem Einbruch der Nacht entgegen.

Den Vielgewanderten

Seit vielen Monaten gehe ich. Eine fahle Sonne
wacht über meinen längeren Tag. Im schwinden-
den Licht steigt das andere Gestirn, der Gezeiten-
Dirigent.

Was ist nur an den Füßen, daß sie gehen und gehen, ohne die Erde zu erreichen?

Hinter dem hellen Laubwald steht eine blaue
Sonne: wer wird, wenn der Tag um meine Füße
kreist, den Vielgewanderten den Ort geben, das
Stillsein-Bild und das nahe Herz?

Geht eurem Land entgegen

Ihr sollt Schätze sammeln, unerreichbar dem Rost und der Motte: vertraut der Abendglocke und dem Korn, das euch der Vogel läßt.
Wenn ihr dem Horizont entgegengeht, denkt an die Kühle der Nacht und ihre Schläfer.
Seht nach unter dem Wackelstein: der Regenwurm hat für euch sein Spurenrätsel hinterlegt.
Haltet die Augen nahe der Trübung der Nacht: im Blindflug seid ihr sicher.
Eure Schrecknisse, das sind die Gedanken der Toten. Bergt euch unter die Flügel der Toten.
Seht im Wald den Wald und das Gleichnis: wer im Unterholz besteht, dem gehört die weitere Gestalt des Tages.
Bürstet den Staub aus euren Kleidern, reinigt euch, und mit dem Geduldsschritt der Katze, dem Grashalm vertraut, geht – nutzbar wie Birkenholz – eurem Land entgegen.

Einer moosbewachsenen Birke Abendlicht

Meine Äste, verwöhnt von der Flußnähe, gehen alle Wege. Ich stehe im Rauschen des Flusses, mein Bart, der Fallstrick meines Alters wächst. Die Besucher des Restaurants ›Zur schönen Aussicht‹ benützen meinen Weg. Über ihre gehöhlten Augen weiß ich nichts Rechtes. Zweierlei Sichtbares. Meine Füße gehen rückwärts. Lichtspiel im Blätterflug: ich entfalte ein Wüstenzelt. Kaum berühre ich dann den Boden, so perlt es in mir. Still trage ich das atembenehmende Moos: es ist das Teil derer, die immer bleiben. Der Weißstamm im Wind sagt etwas: er nimmt ein leichtes Wüstenwort und streut es um sich. Dem Graben entgegen mit seiner Sumpfdotterblume: dorthin senkt sich das Jahr, der Winter wird sich mit meinem Stamm verbrüdern, und die unendliche Dehnung wird mich als Wort behalten.

Die Nacht im Freien

Am Ufer des Sees brechen sich Wellen, die mir gehören. Mir: gleich morgen werde ich nach ihnen sehen. Was jetzt in mir verlöscht, ist nur eine unnütze Kerze. Dort oben die unendliche Decke hält viele Lichter bereit. Ich öffne die Augen nicht: ich will unter dem Schutz der Lichter stehen. Aber ich will nicht mit den Lichtern fortgehen: in ein paar Stunden verblassen sie, sie verschwinden – was soll dann aus mir werden? Ich bleibe auf dieser Seite der Wand: bald gehören wir der schärfsten Trennung, dem Licht und dem Tag. Ich weiß nur, was ich sehe, und ich sehe nichts. So wie ich dem Schein gehöre, so mag es für die Lichter einen strengeren Tag geben. Mein innerstes Gesetz: Trennung, in der Erlösung. Nichts ist fremder als der Schlaf, dem ich mich anschicke zu gehören. Wenn nur bald der Engel kommt, mir den Grund zu sagen.

Haus von der kleinsten Stadt

Ich bewohne die kleinste Stadt der Welt. Meine Schritte geschehen auf engstem Raum. Ich wende mich um, um nicht an eine Mauer zu stoßen. Ein kleiner Teich ist der Hafen meiner Füße. Eine Käseglocke ist die Kuppel meiner Kirche. Jedes der goldgelben Herbstblätter auf dem Waldweg betrete ich wie mein letztes Schiff für den Ozean ohne Küste. Drei Kinder sitzen mit starren Nacken auf einer Bank. Ich bin das Gefäß, über dessen Rand sie schauen.

Auf die gewölbte Brücke hat ein Kind VIEL GLÜCK MARINA geschrieben.

Ich bin die Wölbung der Brücke, ich ernähre mich von jedem Buchstaben.

Ein Baum am Wegrand

Schneller verblühen die Gesichter der Menschen
wie das Schimmelblatt von einem Weißstamm. Sie
gehen vorüber, zweigeteilt von ihrem Sonnenauf-
gang-Sonnenuntergang-Spiel.
Das Jahr lehnt sich an mein Holz. Wenn das Laub
fällt fühle ich Erleichterung, und die Äste steigen.
Wenn der Eiswind peitscht ziehe ich mich mit
meinem warmen Leben ins Innere zurück: wieder
begegne ich den Wurzeln, und wir entfachen ein
Winterfeuer.
Von der Unrast auf dem Weg weiß ich nichts Ge-
naues, doch ich spüre manchmal die Nähe einer
klammen Hand.
Ich bedaure die Wurzellosen: sie begreifen rasch,
daß ihre Freiheit des *Wohin* Gefahr und zweite
Armut ist.

Haus der Leere

Heute ist der erste Tag, an dem ich mir wieder erlaube, ins Freie zu gehen. Vor dem Postamt fragt mich eine Bettlerin um Geld. Es ist dieselbe, der ich neulich etwas gab. Ich gebe ihr auch diesmal. Sie weiß nicht, daß ich sie kenne.

Eine Traube junger Männer sitzt beisammen. Ihre Rede ist schnell und flieht, ehe sie entdeckt wird. »Sie satteln das Pferd der Sprache von der anderen Seite.« Das Pferd trabt schnell und unruhig. Es bringt sie schnell – wohin?

An der Schwelle

Wenn das Zelt der Nacht sinkt, höre ich die Stimmen der Bäckerjungen im Hof. Ich öffne die Augen, sehe den Schatten des Fensterkreuzes. Eine Tür schlägt im ersten Morgenwind. Sie sprechen wenig in der Backstube. Einer singt ein altes Chanson, leiser und leiser, er verstummt. Hinter der großen Hofmauer fallen ein paar Bretter. Das müssen Nachttiere sein. Ich atme aus, fühle wie der erste Tagesgedanke nach mir greift. Ich drehe mich um. Langsam steigt die weiße Milch des Schlafs in mir. Der Geruch von gebackenem Brot löst den Anker, und ich gehöre dem zweiten Licht.

Ich will nicht weise sein, wenn ich nicht mein Auge behalten darf.

Wer wird mein Versprechen leben?

Ich gehe Hand in Hand mit einem Seufzer im Regen.

Ein Flugzeug über der Insel

Wir erwachten, als in der Mitte der Nacht, kaum vernehmbarer denn der Flügelschlag eines Vogels, ein Flugzeug hoch oben die Insel überflog. Schmale Spur eines Insekts, beschwert vom zornigen Meer, über dem sich der bleierne Himmel schließt. Augen von Kakteen an der Küste, und im Hinterland die funkelnden Augen eines Hundes, der über unseren gefahrvollen Schlaf wacht, eins mit der Blindheit derer über den Wolken.

Warum ich nicht im Innern des Baums sein kann:
weil mein Herz den Gehsteig-Schritten entgegen-
schlägt.

Lebe ich nicht von den Augen dort, die mich mu-
stern, als wären wir die Brüder-der-Ferne?

Weil ich von den Augen lebe, sterbe ich, ohne Reue.

Ich soll keinen Stamm haben, der dem Sturmregen
trotzt.

Meine Wurzeln: eine Handvoll rostigen Drahts.

Anstelle der Blätterkrone das sich unaufhörlich
verzweigende Feuer des Verlangens.

Haus der Reise

Der Flughafen ist erleuchtet wie ein Stern. Wohne ich im Haus der Reise, so erinnere ich mich. Ein Haus aus Wolken steht unter mir. Dieses Haus zittert, wenn es von einem anderen Haus berührt wird. Ich bin ein anderes kleines Haus. Ich zittere. Wenn die Sonne sinkt, geht mein Haus in die Ferne. Leise zittert das Haus, es verbeugt sich, ich nehme mich in Empfang.

Wenn ein Diktator stirbt, ist die Zeit der Freude, aber auch der Not. Der Tote verwüstet die Siedlungen. Jedermann muß seine Seele an sich halten. Die Seele des Diktators erwählt einen Schwachen. Er stirbt, und im Augenblick seines Todes nimmt sie seinen Platz ein. Niemand bemerkt es, nur ein Kind weint, und bei einem Alten verschlechtern sich die Augen.

Von der Anhöhe des Fiebers betrachte ich mein Leben. Ich habe mich an die Flüsse gehalten. Ich habe der Brücke vertraut. Gleich der Fliege suchte ich Halt von Leuchtfeuer zu Leuchtfeuer. Mein Schritt, immer in Gefahr, die Gebärde des Bestiariums zu erlernen, imitierte die sichtbare Losung. Elmsfeuer am Horizont: das Versprechen, mit dem ich überlebte, habe ich den Steinen abgetrotzt.

Traumverdacht

Nachtbefehl

Stumm liegen die Menschen im Sarkophag des Schlafs. Über ihnen dreht sich ein Gestirn. Sie sehen das Wolfswort mit seinem gleißenden Fell. Der Befehl wird gegeben, und die Nacht erhellt sich. In ihren Händen finden sie eine leuchtende Kugel. In ihren Gesichtern erkennen sie die Unheilsgeste. Sie gehen auf irisierenden Straßen. Ihre Schritte beugen das Licht der Sterne. Großes Plätschern eines Brunnens: es hortet die Nacht. Wandelbares und Unwandelbares: eins.

Poetik

Ich muß meine Runen immer in ein und dieselbe
Rinderhaut ritzen – nicht aus Sparsamkeit, es gibt
nur *eine* Rinderhaut. Ein Leben ist beendet und
erfüllt, wenn die Zeichen bis zur Unkenntlichkeit
übereinanderkommen. Ich fürchte die Wiederholung nicht, da ich nicht an sie glaube. Der innere
Satz wird gesagt, wieder und wieder gesagt, und er
ist fremd und neu.

Reichste Armut

Wie wenig die Dinge sind, die der Tote zurückläßt.
Sie scheinen nur dieselben Dinge zu sein, die sie zuvor, im Gebrauch seiner Hand waren.
Ein Tisch ruft seinen Herrn zurück, ein Federhal-
ter, ein Buch wollen nicht mehr dienen, eine Pho-
tographie vergilbt über Nacht.

Pyramide des Abendlichts im Lindenwald: verhöhnt und ermuntert, ermuntert und verhöhnt
vom Amselruf.

Kein Stille-Dreieck unter den Bäumen, das führte
in den tieferen, inneren Stillewald.

Das weiße Ohr der Birke, näheres, schreckliches
Ohr.

Im Unterholz das Auge des Nachtvogels?

Dichteres Gewebe: von Öse zu Öse drängend der
Ruf.

Was immer wiederkehrt

So fern er sich das Leben auch hält, er sitzt immer wieder auf einem Karren im Gebirge des Unabänderlichen. Er begreift, daß seine Kraft aus der Wiederholung, dieser Entleerung des Lebens kommt. Er hält auf der Straße inne, er schließt die Augen, er erinnert sich. Er geht jeden Weg zweimal, er benützt irgendwelche Namen, die sich später in ihm wiederholen. Er hockt mit den Armen um die Knie auf den Anhöhen der Gleichgültigkeit, mit dem Rücken zu dem Bild, das er lebt.

Winter

Fäden tönen an einem starren Baum. Hinter einem
gefrorenen Fenster eine Kinderhand. Der Tag entfacht ein Feuer. Der Wind erneuert das klare Lied.
Das Kind kommt aus seinem Haus, die überlangen
Ärmel hängen über die Hände herab, es geht mit
klirrenden Schuhen davon.

Haus der wilden Traurigkeit

Vor meinem Fenster entkleidet sich der Baum. Hinter den schwarzen Ästen die Fensterkreuze des Nachbarhauses. Die letzten Blätter fallen in wilder Traurigkeit.

Abends ziehe ich an meinem Stäbchenrouleau, und aus den Fenstern gegenüber leuchten Lichter wie aus dem Adventskalender.

Ich wohne den ganzen Tag im Haus der wilden Traurigkeit.

Das Rad

Bei Sonnenuntergang erglüht die Silberpappel. Weite Länder des Glücks, auf die sie hinausleuchtet. Rotgoldene Sommerküste einer Jugend. Ich webe am Schmerzensrad einer Unterlassung von damals.

Das andere Rascheln der Blätter rührt schon vom Nachtwind her. Der Horizont bleicht aus, das Rad erlischt in meinen Händen.

Flugkörper

Warum sind die lauen Körper der Flugzeuge aus
Seide und nicht, wie man mir sagte, aus Bast?
Damit die Flügel der Toten die Wolkenberührung
fühlen.
Diese fliegenden Körper halten den Atem an, da-
mit ihre Schwere von ihnen läßt. Wieder auf der
Erde, verwöhnen sie die Tonschalen, das Drahtseil
und die Windbürste, zum Dank für ihre Dienste.
Ein kleines Wesen – es ist der Passagier der Angst –
hält sein Ohr an die seidene Wand: Hauch, Meer,
Muschelvolk. Sand von einem Stundenglas der un-
terirdischen Stadt.

Seit so vielen Nächten streicht der Tod ums Haus. Während des Tages nimmt er die Gestalt eines alten Herrn mit Hund an. In der Nacht zeigt er offen sein Gesicht. Nur die sehen ihn, deren Stunde nah ist. So lange sehe ich ihn schon. Hat man mich vergessen?

Es ist die erste von den letzten Prüfungen.

Genaue Gesetze verfügen über ihn. Er kommt in die Welt als der unbemittelte Techniker. Die Dinge, die Zugriff auf ihn haben, haben Zeit gehabt, Gesetze und Regeln zu lernen und zu beherrschen. Er hat Zeit nur für sein unkonzentriertes Leben. Schließlich entdeckt er die Sätze und die Verfügung. Er bemerkt, daß die Sätze ein Stellwerk sind. Seine ganze Aufmerksamkeit gilt fortan dem Erkennen der Arbeitsgesetze des Stellwerks und seiner Verfügung über ihn. Ein ungünstiger Umstand, eine Begegnung, ein Zufall, eine Krankheit beenden diesen Lauf. Im Tod erstrahlen die Gesetze in einem *falschen* Licht, dem Licht der Ablenkung.

Der Traum der Katze

Meine Mutter trägt mich am Nackenfell ans Ufer eines großen weißen Sees. Wir tauchen unsere Zungen ein, es ist Milch. Wir trinken und trinken, unsere Bäuche sind zum Bersten voll. Ich bitte meine Mutter aufhören zu dürfen, sie drückt mich mit der Nase in den weißen See, ich trinke. Ein Stoffknäuel taucht aus der Milch, es ist ein Hund. Wir wollen fliehen, da begreifen wir, daß keine Gefahr droht – der Hund ist am Ertrinken. Wir sehen seine weitaufgerissenen Augen. Der Hund taucht unter, das zähe Weiß dreht sich an dieser Stelle. Ich sehe meine Mutter an. Ich bemerke die langen Säbel ihrer Reißzähne. Sie öffnet den Mund, ihre Augen verkleinern sich zum Todesbiß. Ich springe in den See, ich strample um mein Leben, die Säbelzähne meiner Mutter treiben mich. In ihren blitzenden Augen spiegelt sich die Geschichte meines kurzen Lebens. Sie hat mein Fell geputzt. Sie hat meine Wunden geleckt. Sie hat mir gezeigt, wie man die Amsel beschleicht. In Hungerszeiten hat sie mich vor den Bau der Maus geführt, das Stillegebot zwischen uns. Lange habe ich den Brand der Sonne ertragen. Ich habe nur Staub gesehen. Dann ist sie gekommen. Meine Mutter hat das Feldtier mit ihrer Pranke verletzt. Sie hat mit ihm gespielt. Ich habe die Lust in den Augen der Mutter gesehen. Mein Fell hat gezittert. Die Maus hat nicht um Gnade gewinselt. Sie hat um ein schnelles Ende gebeten. Meine Mutter hat ihren Tod um viele Schreie verzögert. Wir haben das Fell zerrissen und unsere Nasen in das Fleisch getaucht. Ich habe das Blut geliebt. Jetzt stehen die Zeichen von damals in den Augen meiner Mutter. O Mutter, warum willst du mich töten? Es hilft nicht dir zu sagen: *Ich* bin es doch: die Jagd ist größer als du und ich. Ich danke dir für deine sanfte Zunge. Ich danke dir für die Wärme deines Fells. Töte mich rasch. *Ich* bin es.

Auf meinem Marsch

Auf meinem Marsch ins Innere der Dinge passiere ich den Grenznebel: der Weg ist frei ins Wurzelwerk.

Das ist das Fehl des Menschen: das Vertäuen seines Kahns im Hafen der Zeit.

Im Innern der Sterne wölbt sich ein Haus, rein und zögernd.

Ich begreife, daß die Stimme, so wie die Farbe, eine *Dehnung* ist.

In der Langsamkeit des Steins begegne ich dem Ruf der Verzögerung. Es ist der Ruf, den ich mein kurzes Leben lang hörte, ohne mich ihm anvertrauen zu können.

Ich begreife, daß es für den Sprung von der Welt unter der Sonne in diese Welt nur eines Augenschließens bedarf.

Dies ist nicht das Gesetz

Die Welt der Lebenden, stündlich freigeräumt von den welken Kadavern. Der Tote, Beherberger keines Übels, Geisterschiff, gebleichte Takelage, Strandgut.
Wächter über die lebenden Hände ist allein der Langmut-Nachmittag.
Der Tote hat kein Maß, sein Haus ist überall, ermangelnd der berührbaren Tür.
Die Welt der Sterblichen, mißglückt, unendlich reicher der Kleinste denn die versammelten Wünsche *aller* Toten.
Doch dies ist nicht das Gesetz: dem Toten gehört ein anderes Gut: es heißt nicht *Raum* und nicht *Erinnerung* und nicht *Vergangenheit*: es teilt sich in die Glut der enteigneten Hände. Unsichtbarer Stein, verdienstvoll in der Welt des Feuers, kündend vom Umkreis des Schatten-Alphabets.

Überall Fährten, meine Schwester

Lange ging ich. Es war ein Tag-für-Tag-Gehen, passierend immer die gleichen Orte, die gleichen Dinge: den Bahnhof, den Wald im Herzen der Stadt, den Fluß, die Schleuse, die Gleise. Ich wußte nicht, daß du in Gefahr warst. Ich erhielt die Nachricht. Ich versuchte dir in die Berge zu folgen. Auf dem Weg durch die Dörfer sah ich bekannte Gesichter. Ich wurde von niemand erkannt. Fremde wohnten im Haus unserer Eltern. Der Haß lichtete die Reihen. Kein Fuß mehr sollte die Erde erreichen. Du bist verschleppt worden. Du bist den Weg vor mir gegangen. Deine Wangen sind bleich. Kaum noch erinnere ich mich an dein Gesicht. Überall Fährten. Ich soll in die Heillosigkeit zurückgerufen werden. Ich passiere den Bahnhof, den Wald im Herzen der Stadt, den Fluß, die Schleuse, die Gleise.

Ein Traum

Eine junge Frau träumte von einem Mann, der mit zwei Fischen in Händen in eine Grotte kam um zu fragen, um welche Art von Fisch es sich handle. Er mißtraute dem Fischer, dem er sie abgekauft hatte. Er hielt einen Fisch neben die Fische in der Grotte und rief:»Den hat er mir als Moräne verkauft! Dabei ist es ein Tintenfisch!« Es gab nur noch diese beiden Orte, die Grotte und die Hütte des Fischers, wo man die Fische kannte.

Als die junge Frau aus ihrem Traum erwachte, verließ sie ihr Haus, ging an den Rand des Dorfes. Sie sah ins Tal, wo über den dahinbrausenden Wagen auf der Autobahn ein Hitzeflimmern zitterte. Auf dem Dorfplatz bestieg sie, ohne sich noch einmal umzusehen, den Postbus. Sie fuhr in die Fremde, wohin sie die Ahnung zog, daß dort die Schatten ihrer Kindheit im Fernnebel eines Flusses, in der Silhouette eines Fremden, in einem Ortsnamen, unter dessen Krümmung sie bleiben wollte wiederkehrten.

Die Mutter

Es wurde in meinen Räumen ein Film gedreht,
und auf diesem Film ist die Mutter zu sehen, wie
sie sich an Töpfen zu schaffen macht und die Töpfe
säubert und die Töpfe ins Abwaschgitter stellt, wo
sie zu trocknen haben. Und zu sehen ist die Mutter,
die ihnen befiehlt zu trocknen, und die Mutter ge-
bietet über die Töpfe, die unter ihrem erbarmungs-
losen Befehl zu trocknen haben. Es rührt, es kratzt
die Mutter in den Töpfen, und sie stellt die Töpfe
zu den anderen, die schon alles tun, um rasch zu
trocknen. Aber auch der beste Topf kann kein
Wunder vollbringen, und so sind alle Töpfe noch
naß, wo sie trocken sein sollten. Und die Töpfe, die
auf die anderen, die schon halb trocken sind, gestellt werden, sind schuld daran, daß keiner der
Töpfe trocknet, denn sie tropfen auf die unter ihnen trocknenden Töpfe, und sie tropfen auf die
Stellen der Töpfe, die eben getrocknet sind. Die
Mutter aber hat alles fest in der Hand, nichts wi-
dersetzt sich ihr, und nur die Töpfe sind widerspen-
stig und widersetzen sich. Die Mutter hebt bald
das ganze Abwaschgitter mit den halbtrockenen
und nassen Töpfen an und schleudert es zu Boden,
und dort haben die Töpfe schneller zu trocknen,
und bald trocknen sie ganz.

Wir lagen im Hungerbergwerk der Sehnsucht. Die Männer entfachten die großen metaphysischen Feuer. An den Wänden Bilder unserer Kindheit. Kniehoch umgab uns der Tang von den Träumen. Auf der Suche nach dem funkelnden Quell der Flüsse entdeckten wir den Abend. Tief im Geruch von Totholz, erschauerten wir: unsere Namen hatten uns erreicht.

Haus des Fiebers

Eine kleine Feder muß zu sehr gespannt sein. Ja, es muß eine kleine Feder sein, der es jetzt nicht gut geht. Ein Vogel piepst, es ist ein Piepsen, das nicht endet, wie das Piepsen eines Automaten. Zwei Schnüre werden gegeneinander gehalten, auf ihre Länge verglichen. Jemand zieht die Schnüre straff, von der Mitte springt ein kleiner holzbeiniger Mensch, ein Pinocchio vielleicht. Im Körper zieht sich eine Schlaufe über einer Fingerkuppe zusammen. Der startende Wagen unter meinem Fenster singt das zerbrechliche Gehäuse eines Liedes. Ich singe es fort, ich lege mich in die Schlaufe des Liedes, das Lied liegt an meiner Wange. Ich streiche über den Kopf des Liedes, sein Haar ist gelb, meine Hand ist ein Teil dieser Strophe. Eine Handvoll Finken zeichnet in die Äste des kahlen Baumes ein Muster (sie werfen Webnetze über die Äste). Aus dem Frühwinterabend steigen die Lichter eines erleuchteten Hauses. Über den Dächern treibt das sinkende Schiff der Nacht. Wenn es ganz gesunken ist, umschließt es mich.

Der letzte Abend

Ich setze langsam einen Fuß vor den anderen.
Ich verstehe die Kinder nicht mehr.
Der große Feuerball, gesunken im Buchenmeer.
Geschrei der Abendvögel, kündend vom erneuerten Nachtgesetz.
Ich passiere viele leere Telephonzellen.
Es liegt etwas in der Luft, hat jemand gesagt.
Wie oft lag etwas in der Luft, und es ist nichts geschehen.
Ich irre mich: es ist immer etwas geschehen, und ich habe es bemerkt, doch im Bemerktwerden hat sich das, was geschehen ist, erschöpft.
Ich verstehe die Kinder nicht mehr.
Ist es, weil sie der erste Buchstabe von einem neuen Gesetz sind?
Jemand wird über mich richten.
Mein Ende wird *verbrieft* und *versiegelt* sein.

Welt, Stoff-Eines, wechselnd Namen und Beschaffenheit der Stoffe. Niemals, wenn nicht im Augenblick des Sprungs, entbirgt das Sichtbare die Erfüllung vollendeter Leere.

Die Namen und die Dinge – zwei Weisen der Nacht. Niemals begegnet die sinkende Sonne der Morgendämmerung.

Wo Namen und Dinge eins sind: das Land der Krümmung.

Folge den Flüssen an ihren ferneren Lauf.

Die Verwandlung, selbst sie ist Teil des Namens.

Lösche die Namen, indem du gehst.

Der Schmerz an der offenen Wunde genug

Ich muß besonders zärtlich zu ihrem Kinderheim-
mund sein, ich muß ihn wieder und wieder küssen,
damit einmal der Schmerz an der offenen Wunde
genug hat und geht.

Nackt ist der Weg vor das unsichtbare Haus

Lange Zeit suchte ich vergeblich das Haus. Dann, im Fieber der Gefährdung – schwarze Stimmen im Nachtwald, und der süße Sommerregen, der den Schritt in das tiefere Holz führt – stolperte ich vor sein Portal. Nackt und schwer lag es da.
Jetzt fühle ich den anderen Tritt, die Augen in den katzenohrgleichen Zypressen.

Andere Zeit

Daß ich kaum den Kopf gewendet hätte nach der Uhr, einem Altersfelsen gliche. Die Menschen auf der Straße: auch sie Alte, die aber sahen die Folge der Tage und Jahre, während zwischen meiner Jugend und meinem Alter nur ein Augenschließen lag. Alle Ereignisse würden in Selbstverständlichkeit geschehen, ich stünde mit meinem gestohlenen Leben an einer Ecke, verbraucht *in Abwesenheit.*

Auf der Treppe

Die dunkle Stadt ist mit der fahrenden Insel durchquerbar. Ich lösche mein Licht, die fahrende Insel bringt mich vor die Tür eines erleuchteten Hauses. Die dunklen Straßen: verdorrtes Nachtland. Schatten von Paaren in den erleuchteten Fenstern. Im Hausflur erwartet mich Musik. Ein blauer Kieselstein hält mich auf der Treppe fest. Als die ersten Gäste das Fest verlassen, finden sie mich bewegungslos auf den kleinen Stein in meiner Hand starren.

In der Höhle der Krankheit

Der Schmerz, verschworen mit der Gefahr, die an der Straßenecke wartet, gibt den Kindern Silberstimmen.

Die Schritte unter dem Fenster, du gehst mit ihnen, wirst dünner und dünner, bis der Faden reißt. Zur Hälfte im Gehäuse des Schmerzes, wirst du lichtempfindlich wie eine Fledermaus. Deine weißen Hände sind wie Samt.

Wohin – Augensichel eines schönen Mädchens, und dein Schritt ist leicht –, wohin werden sie dich führen, die unsichtbaren Fährten der Flugtiere? Öffne die Augen, geh noch einmal mit denen, die atmen.

Spuren im Schnee

Diese Füße waren groß und in Eile. Was läßt der Eilige zurück? Der Schnee spricht davon. Diese Füße meinten es nicht ernst mit dem Gehen. Sie gingen hin und her, zögerten, sahen sich um, kehrten sich nach außen, drehten sich im Kreis. Was sahen die Augen dieses Menschen? Und was davon wirkte bis in die Füße? Andere Wege enden in der Mitte des Platzes. Sind diese Menschen, des Schrittetuns überdrüssig, in den Himmel gefahren? Wie schön ist es, sich umzudrehen und die Spur zu sehen.

Hubschrauber über mir

Ich setze ein Bein vor das andere wie das Tier, das den Namen vergißt. Bin ich jetzt dieses Tier, und auf dem Parkweg war ich jenes andere Tier? Seit Tagesbeginn kreisen die Hubschrauber über mir (sie wissen nichts, aber sie sehen viel). In der Fächerschrift der Hubschrauber lese ich das Versmaß meiner Füße.

Sprechen im Dunkeln

Das Messer der Nacht teilt die Welt. Im Innern: Marzipan, Kokos, Gespräch im Morgengrauen. Ich sehe die blutdurchflossenen Leiber der anderen. Gegenüber ist Mittag. Irgendwo gehen Menschen im Morgennebel zur Arbeit. Ein Tag ist das Verlernen des Glücks. Und ist die Nacht nicht das Horchen nach der reineren Botschaft, die nie gegeben wird? Eine Stimme spricht. Sie sagt: »Geh! Begründe dich selbst! Wiederhole den Anfang!« Diese Stimme ist die Täuschung. Unser Leben ist, was wir niemals sagen werden.

Saite des Tages

Die Tage, sie nehmen ab. Wo rekrutiert nur der Sommer all die Schiffer mit ihren seehündischen Augen und dem Bauch von einem Silberfisch?
Der Sommer macht die Schiffe zutraulich, er gibt ihnen die freie Fahrt und das Glück von einer Muschel.
Lachen des Obdachlosen am Kanal: ihm gehört die Schwarzluft, sein Rucksack beherbergt das Brackwasser, für die Wassernot der Stadt.
Unter den Brücken Taubengeflatter.
Atmen: dem Tag das Innere des Leibes nehmen.

Die Siedlung am See, wo hinter den sich lichtenden Laubbäumen die Fenster stiller Häuser erscheinen, liegt im Süden der nördlichen Metropole. Es ist Ende Oktober, und die klaren Nachmittage erstrahlen in einem ersten Winterlicht. Die Einwohner der Siedlung rechen das Laub in den Gärten zusammen und tragen es zu den Bäumen in der Allee. Sie brechen Äste von den Bäumen und werfen sie auf einen Karren. Die Blätterhaufen wachsen, und mit einem Streichen lösen sich Blätter von den Ästen, wo sie zu Boden trudeln. Ein alter Mann in einem zerknitterten Segeltuchmantel setzt seine Tasche ab, er starrt ins Gebüsch. Sein Hut sitzt schief. Er geht mit hochgezogenen Schultern in das Haus seines Sohnes.

Im Nachmittagswind treiben die Blätter durch die Straßen, und durch das Fell der Katze schimmert das Weiße der Haut. Am Ufersteg rupfen die Boote an den Ketten. Möwen jagen einander im Wind. In der Nacht schlägt ein loser Fensterladen. Am nächsten Morgen steht das Laub mannshoch in der Allee, und die winddurchschossene Siedlung ringt nach Atem. Aus der Tiefe der Blätter dringen Stimmen. Die kahlen Bäume sind voll von regungslos hockenden Krähen.

Die Manöver der Nacht

Die Flieger

Ein Land rüstet sich für den Abend. In den Wiesen steigt der Nebel, und ein Licht brennt in einem einzelnen ängstlichen Haus. Im langsamen Kanal spiegeln sich die Weiden. Auf der Landstraße geht ein alter Mann, er zieht seine Schuhe nach. Vor einer Laterne bleibt er stehen, er holt eine alte silberne Uhr aus der Westentasche und steckt sie wieder ein. Er stützt sich mit einem Arm auf die Laterne, er senkt den Kopf, schließt die Augen. Am Horizont erscheinen nachtschwarz die Flieger.

Unsere Staaten, riesenhaft angewachsen zu unbeweglichen Kolossen, waren nicht mehr zum Kampf fähig.

Das Töten überließen sie den Knechten auf den Inseln am Ende der Welt.

Die Krankheiten nahmen zu, und mit ihnen die Gleichgültigkeit, und mit der Gleichgültigkeit kamen die großen Dammbrüche. Frieden: so nannte man die Starre.

Uns trieb es an die Ränder, woher wir kamen – aber an andere diesmal –: der letzte Mensch führte uns die Hand, und wir lernten das Feuermachen.

Es gab wieder Augen, und die Augen erzählten: vom Hunger, von der Nacht, vom Raub, vom Brudermord, von der Frau.

Es gab die Axt, das Tier, das Bett.

Nach dem Gewitter Augen am Fluß: und alles begann von neuem.

Krieg

In unserem Krieg geht es nicht ums Töten. Selten fällt einer von uns, und meist ist es ein Versehen. Die Abfolge der Fluchten und Angriffe ist genau geregelt. Der gefiederte Häuptling hebt seinen Speer, das ist das Zeichen. Im Hagel der Pfeile erlernen wir den Hasensprung. Erreichen wir den Fuß des Hügels, kehren wir um und verfolgen unsere Feinde. Manchmal töten wir einen von ihnen. Nachts hören wir die Schreie der Fliehenden. Doch der Tag bringt unsere eigene Stimme, mit der wir sie übertönen.

Das Spitzholz des Hasses im Genick, die Augen welk vom unaufhörlichen Dammbruch, mit diesen untauglichen Füßen im Morast, und für den Atem nur der Maulwurfsgang.

Des Geräuschs des Messerwetzens überdrüssig, Schimmel am Ohr vom Immerwieder der Zungen dieser Stadt, fuhr ich aus in Gemeinschaft mit dem Hüter der Ochsen. Die Wange gelb, hatte ich kaum noch Speichel, und die Süße der Mädchenhand war vergessen.

Steine, woher wir kamen, und sie sprachen nicht.

Eingeklemmt von den Balken des Unrechts, luftarm von Anfang an, finde ich mich in der sehr großen Stille der abwesenden Stadt, deren Mauern Verbrechen sind. Die ersten Tage lassen mich die Namen der Freunde vergessen, und Vateraugen bedeuten Mord.

Wohin fliehen vor dem Gift der Stadt, mit ihrem Gift im Herzen?

Fahren in der Sichel der Tränen, nicht weit vom Wurfholz.

Morgens, mit dem Schrei der Schlote findest du in deinen Händen das Heer der Schlüssel. (Brich auf, Schatten der Landstraße.)

Dieses Leben in der Beuge alter Schriftrollen.

Diese Hände aus Glas, tauglich nur zur Arbeit, Diebe, wenn sie Anteil haben an der Zärtlichkeit.

Warum es Lichthände gibt, ebenso wie Schattenhände? Warum die Welle nicht nach oben trägt?

Weil sonst die Namen sich vergessen.

Ich liege im steinernen Herz dieser Stadt. Ich betrachte meine Hände. Sie sind grau. Knochen der Vorzeit.

Mein Körper ist jung, er hat sich gegen mich entschieden.

Der Verschwörung der Genießer, ich gehöre ihr nicht länger an. Ich liebe es, wenn das Lachen der Mädchen in mein Zimmer dringt. Ich stelle mir ihren Schritt vor, sehe die Blicke, die sie aufeinander werfen, und ich bin heiter.

Ich weiß wie es war auf der großen Straße zu sein, unter den Rufen der Gemüsehändler, den wächsernen Blicken der ewigen Schachspieler. Ich weiß wie es war in den Abend zu gehen, leicht, im Wind, mit diesem Schritt, dem alles gehört.

Jetzt wandern die Lichtreflexe der Wagen an meiner Zimmerdecke. Ich atme ein wenig, zähle Finger und Zehen, trinke einen Schluck Wasser. Ich schließe die Augen, und Farben steigen auf, erfüllen mich, die große Prozession der Farben.

Die Nacht

Der große Bahnhof aller Nächte, wo sich der Dreck des Tages sammelt. Stimmen wandern mit schleifenden Schritten, über Konservendosen, faulendes Brot, zerschlagene Flaschen. Irgendwo ein Klirren. Und stärker brandende Stimmen. Branden. Verebben. Staubiger Mond hinter staubiger Glaswand. Wenn die Drähte singen wächst das Gemurmel, und Schritte tappen zu den Gleisen. Der Zug: ein gelber Pfeil, er teilt zischend die Nacht, verschluckt die einen, spuckt die andern aus. Die zurückbleiben, sie warten auf nichts, auf den einen Zug, der ihnen entspricht, der nicht kommt. Rollende Flaschen, Schnarchen, Flüche. Ein Obdachloser in einem alten Anzug, die Haare anfrisiert. Er lebt im Schwellenraum, nicht in diesem, nicht im andern Bereich. Auf einer Bank schläft eine bleiche Frau an der Schulter ihres Mannes. Der Zug, den die beiden besteigen, es wird die Morgenröte sein. Der junge Mann mit dem strahlendweißen Hemd, eben noch in sich versunken wird er noch diese Nacht beschließen, mit der Arbeit zu beginnen. Wind kommt auf, leere Dosen klimpern. Der Alte schläft auf seine Krücken gestützt. Die Betrunkenen auf der Bank schnarchen mit weitoffenem Mund.

Die beiden Männer bei der Baracke reden leiser, sie gestikulieren immer langsamer. Einer zündet seine Zigarette an der Zigarette des andern an. Irgendwo ein fallender Balken, jäh endet die Nacht.

GESTALTEN

BILDNISSE

FERNE STIMMEN

TRAUMVERDACHT

DIE MANÖVER DER NACHT

JAN PETER BREMER
Einer der einzog das Leben zu ordnen Roman
Ein fesselnder Roman über die Ordnung des Lebens und
scheinbar über das Aufräumen; einer der geschlossensten
Texte der neuen deutschen Literatur. »Ein Kopfsprung rück-
wärts, mit dem ein neues Talent auf der Bühne der Literatur
erscheint.« H.C. Buch **Die Zeit**
Englische Broschur, 80 Seiten

MATTIS MANZEL
Zwei Seemänner sitzen in Barcelona und essen einen Albatros
Geschichten
Ein tiefsinniger Exzentriker, der die Kraft des Unsinns und
die Schliche des Sinnlichen kennt. Seine bundesrepublika-
nischen Eskapaden führen den Leser in eine barocke Welt
zwischen Scherz und Schrecken.
Englische Broschur, 128 Seiten

HENRY FIELDING
Eine Reise von dieser Welt in die nächste Roman
Der lange verschollene Roman des großen englischen Autors,
in dem er von kuriosen Abenteuern auf einer Reise ins Jen-
seits berichtet. Eine unterhaltsame und burleske Geisterge-
schichte im weitesten Sinne.
Fest eingebunden in feinste Makulatur, 160 Seiten

LOUIS KAPLAN
Witzenschaftliche Weltbetrachtungen:
Das verdammte Universum des Charles Fort
Kosmisches Gelächter eines Hofnarren der Wissenschaft.
»Von fünf Personen, die dieses Buch lesen, werden vier ver-
rückt.« Ben Hecht **Chicago Daily News**
Aus dem Fortianischen von Robin Cackett. Gebunden, 160 Seiten

PIERRE HADOT
Philosophie als Lebensform Geistige Übungen in der Antike
Eine Neuinterpretation der Antike, die zeigt, daß Philoso-
phie einmal mehr war als nur ein theoretischer Diskurs. »Auf
einmal sind es wir, die Modernen, die im Licht des antiken,
asketischen Philosophierens blaß und anämisch wirken.«
Ulrich Raulff **FAZ**
Aus dem Französischen von Ilsetraut Hadot und Christiane Marsch.
Englische Broschur, 224 Seiten